MW01489429

This notebook belongs to:

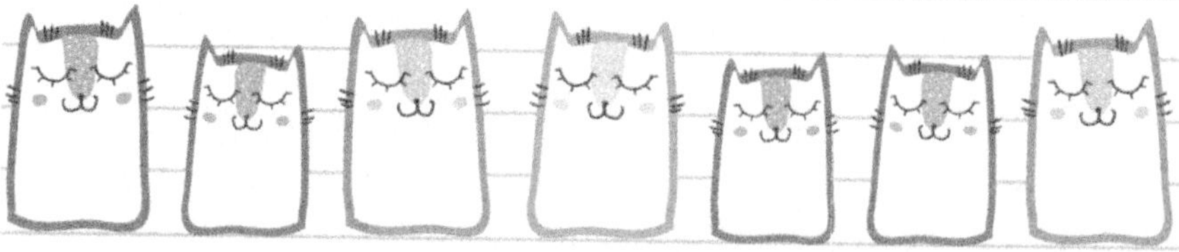

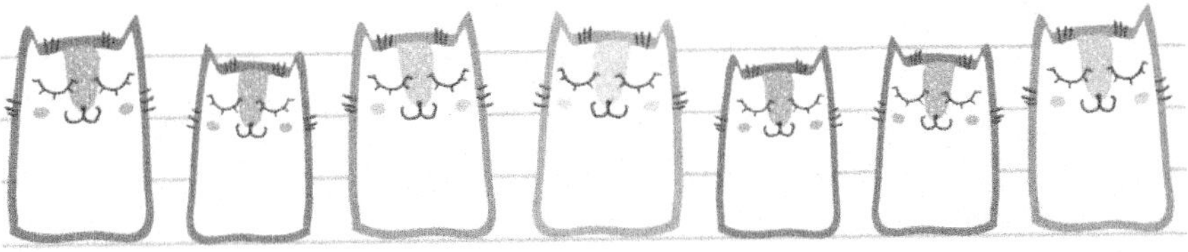

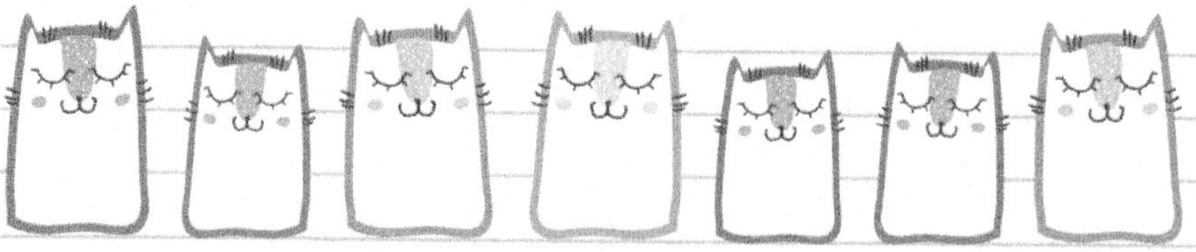

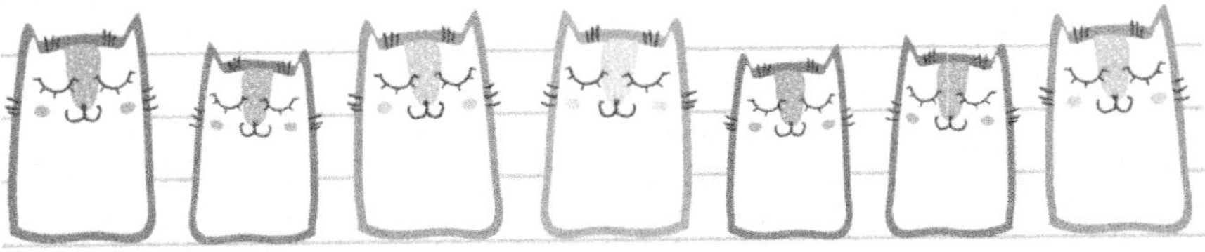

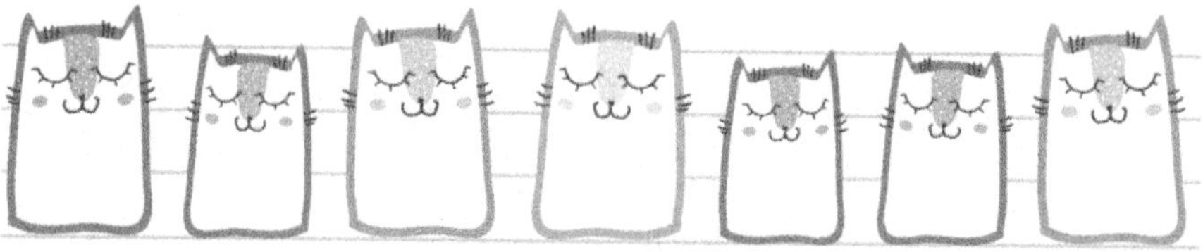

/ /

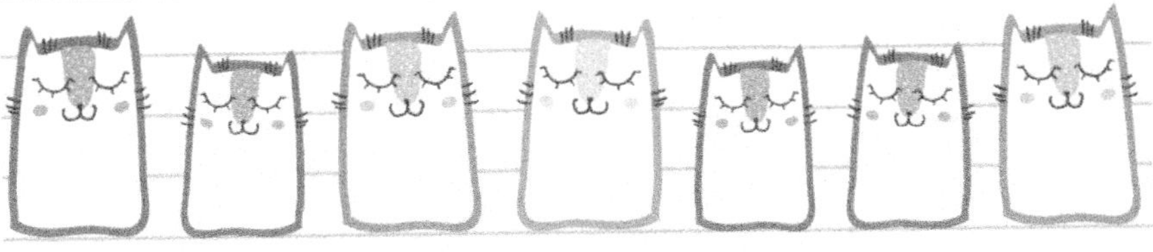

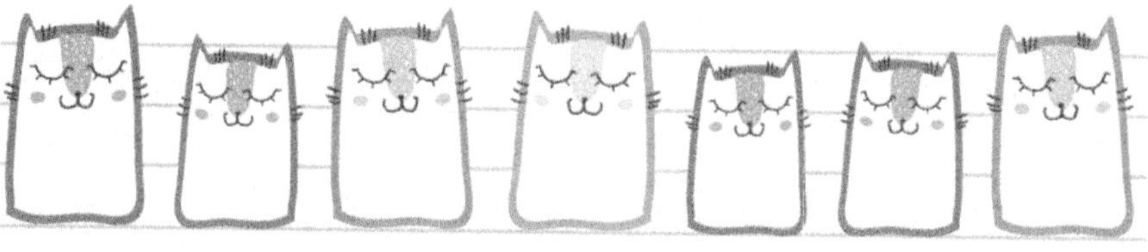

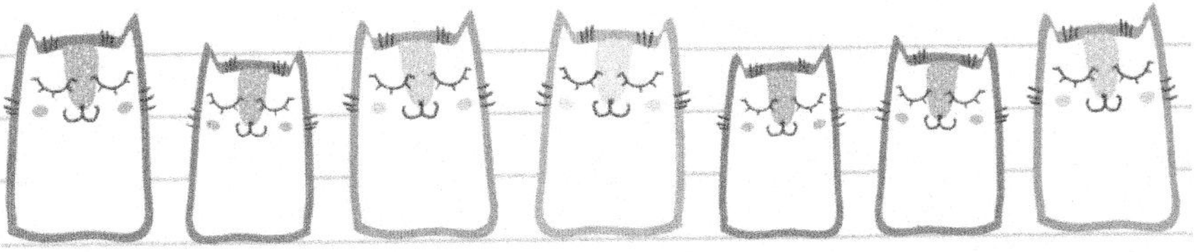

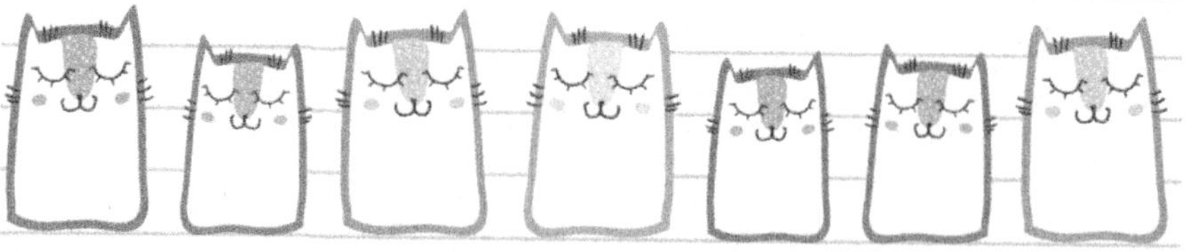

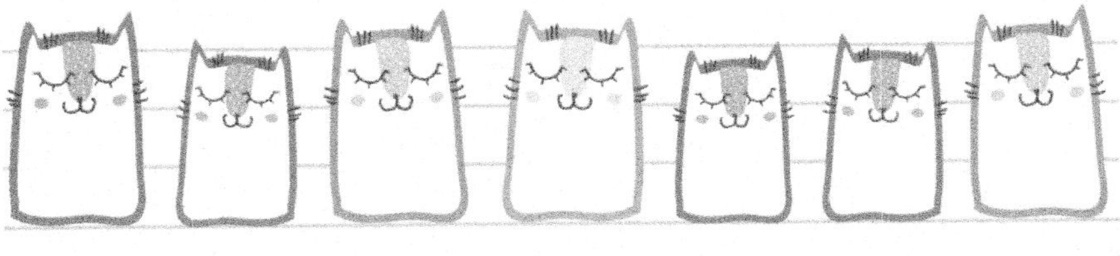

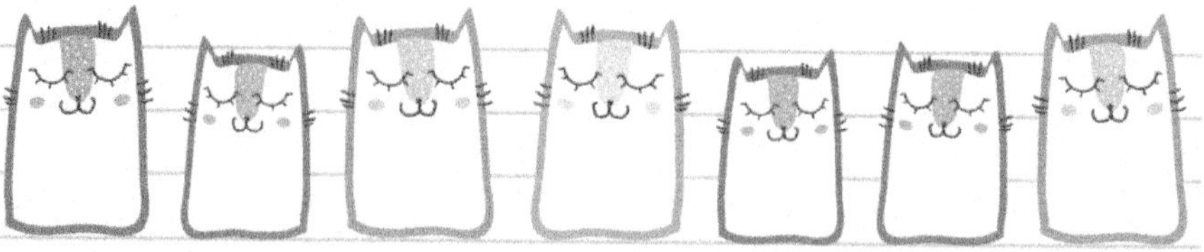

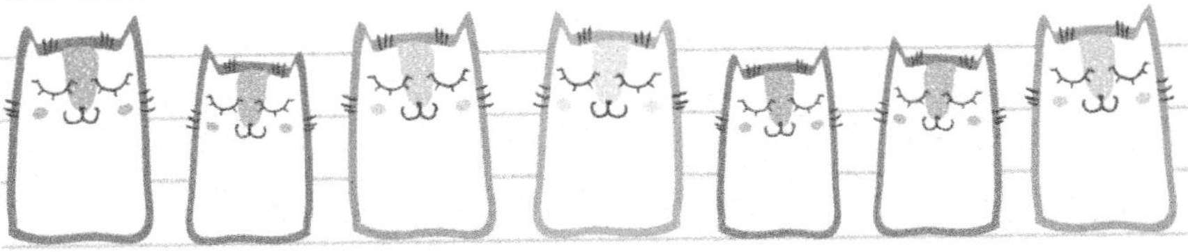

/ /

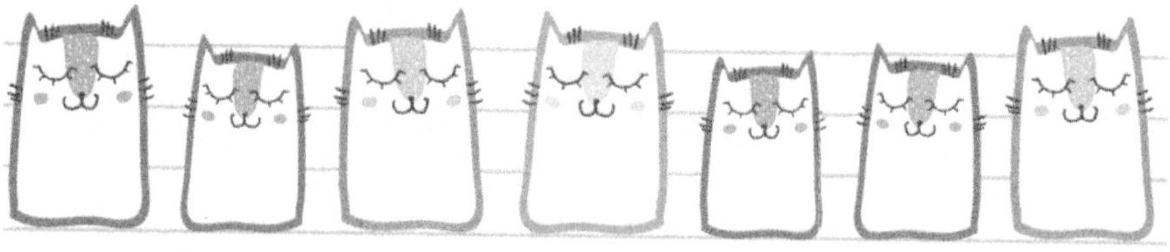

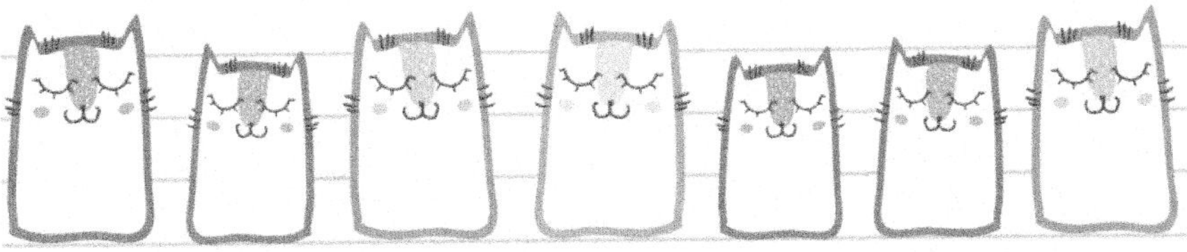

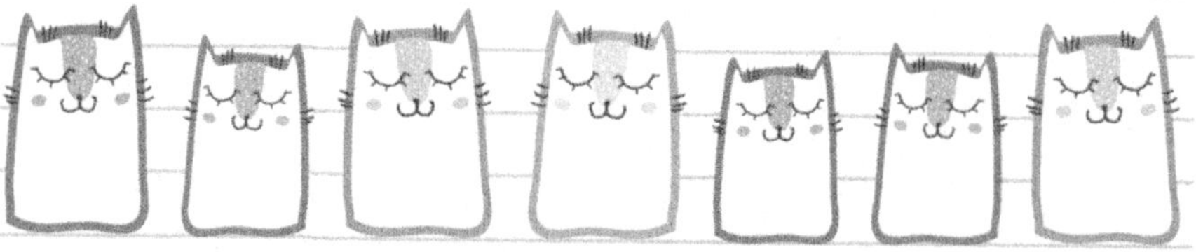

/ /

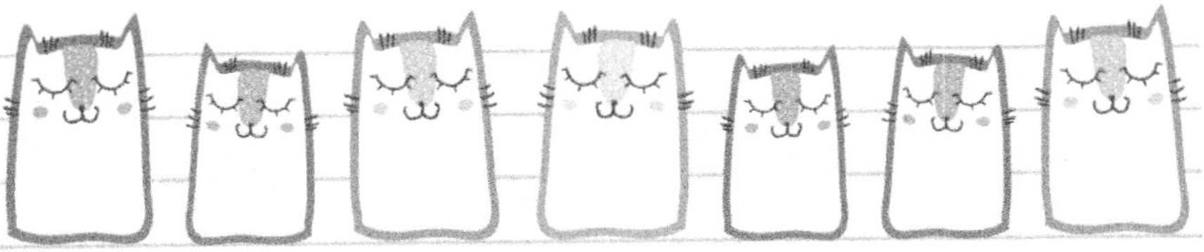

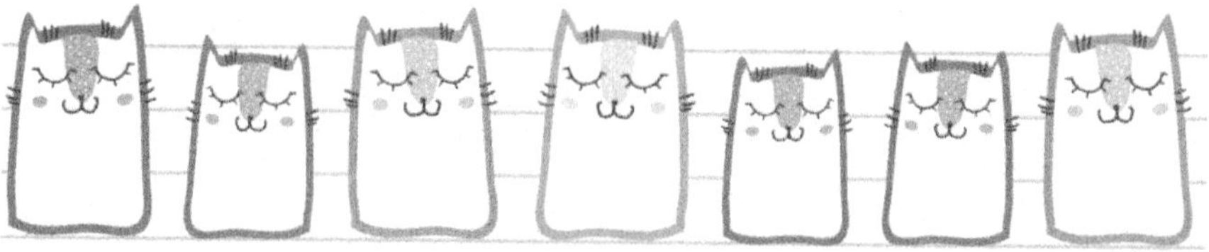

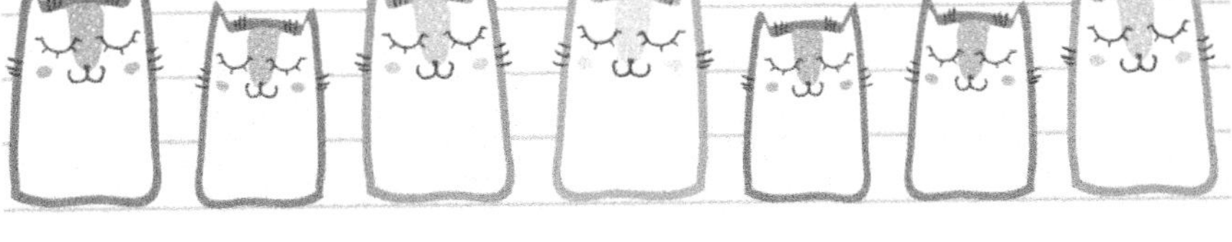

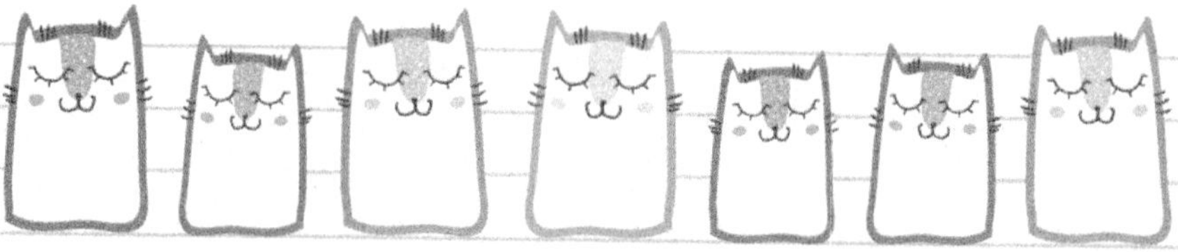

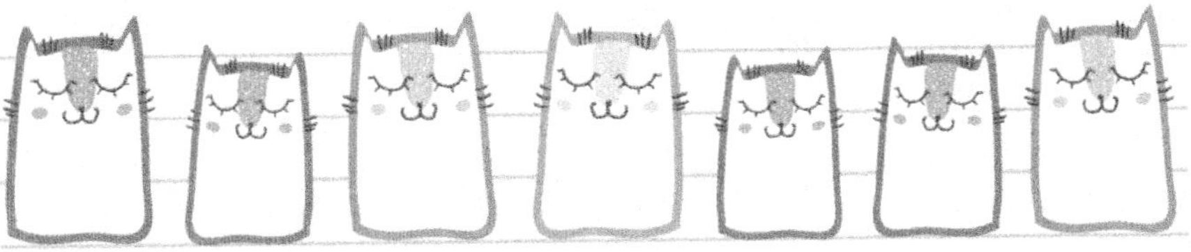

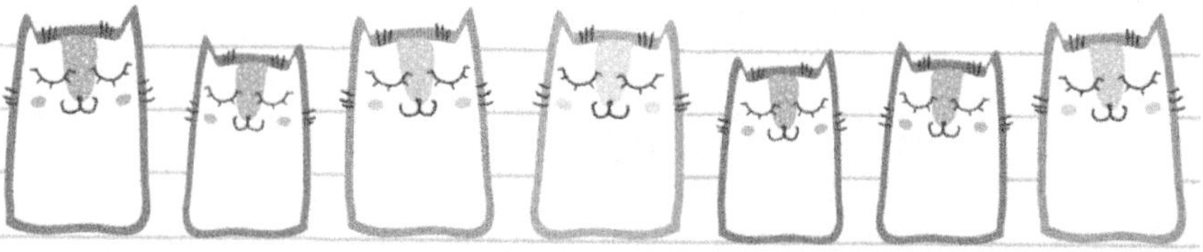

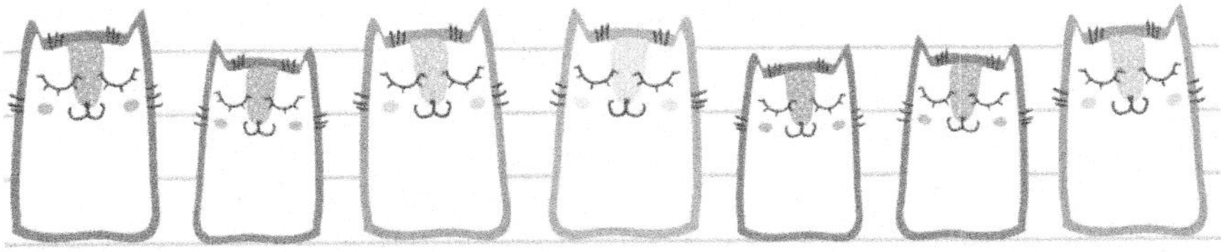

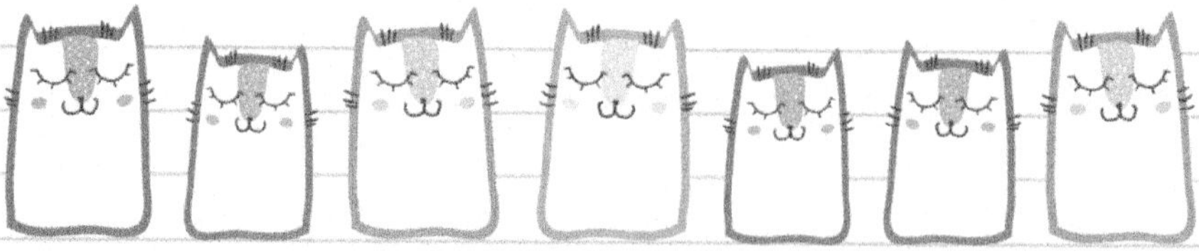

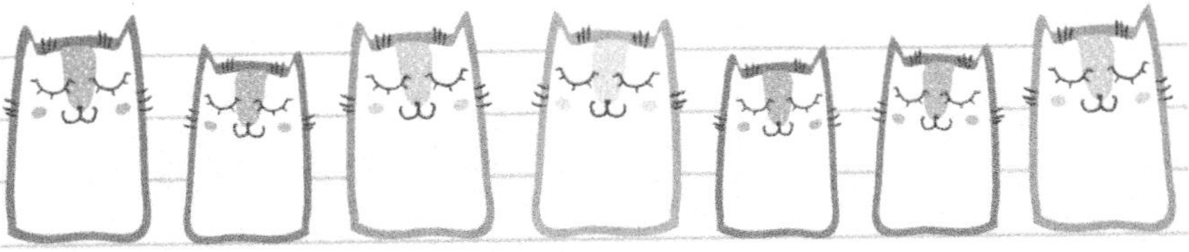

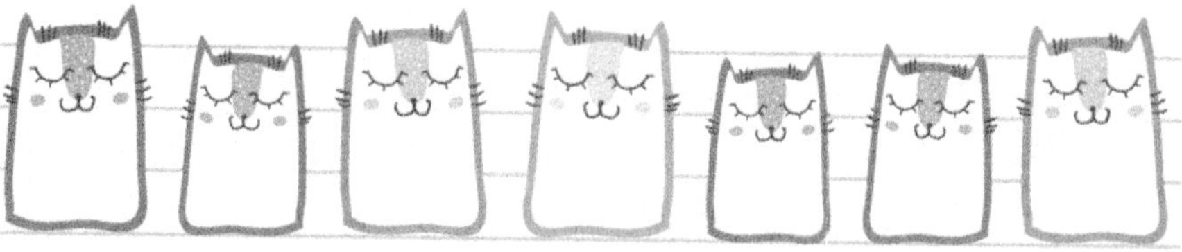

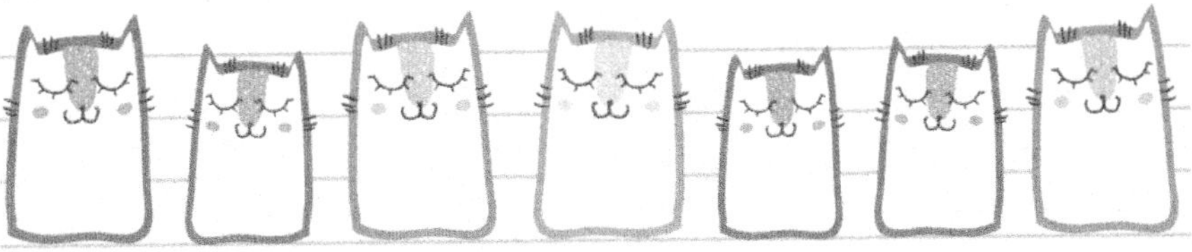

/ /

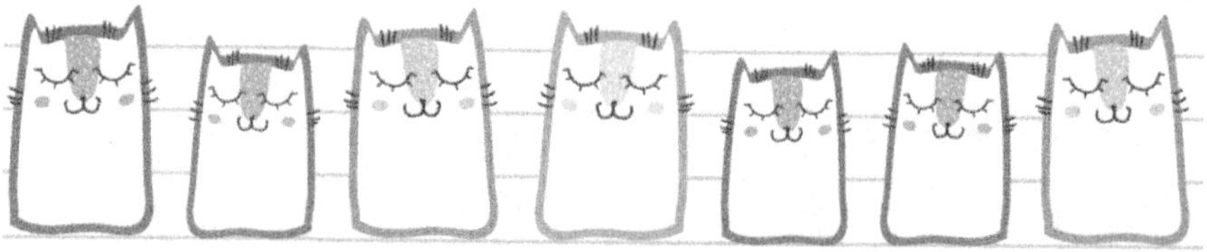

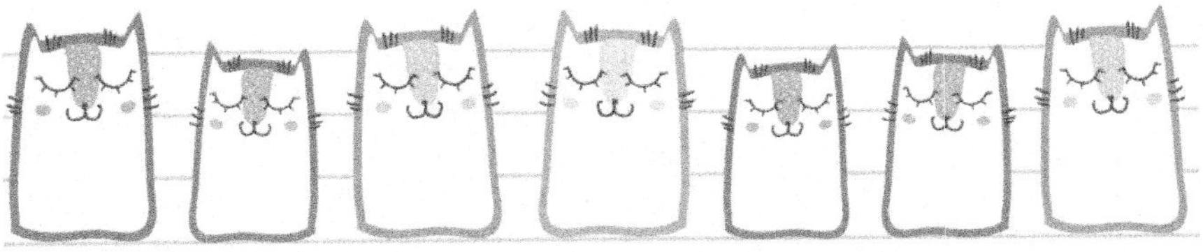

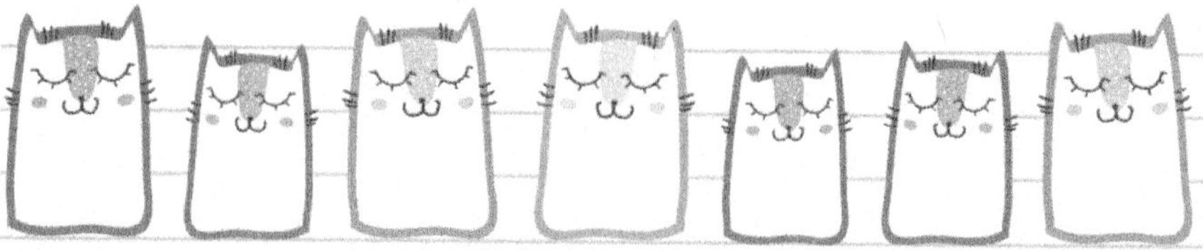

/ /

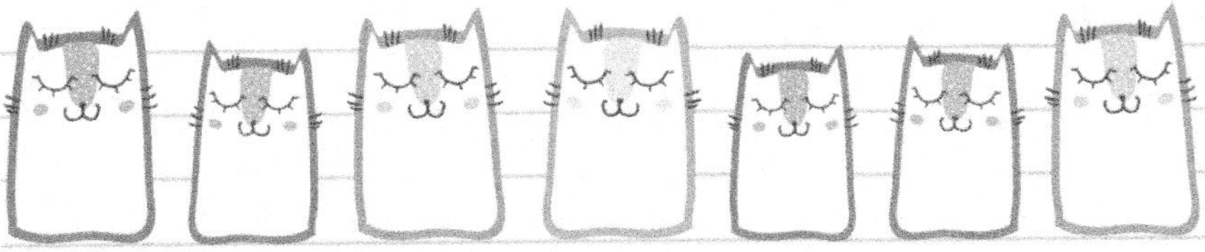

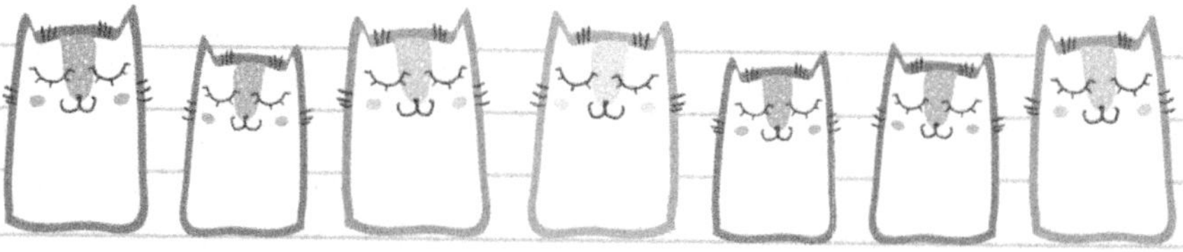

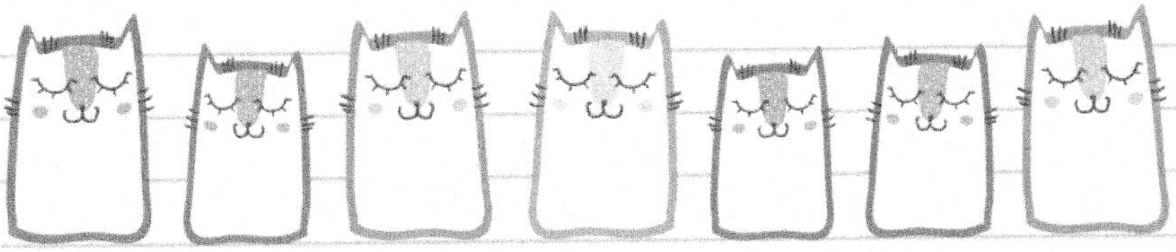

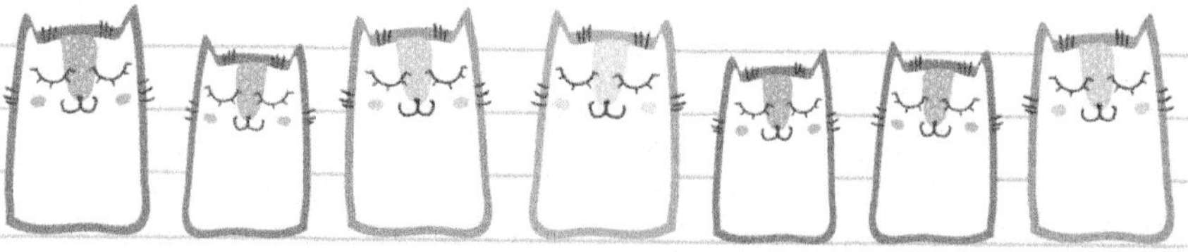

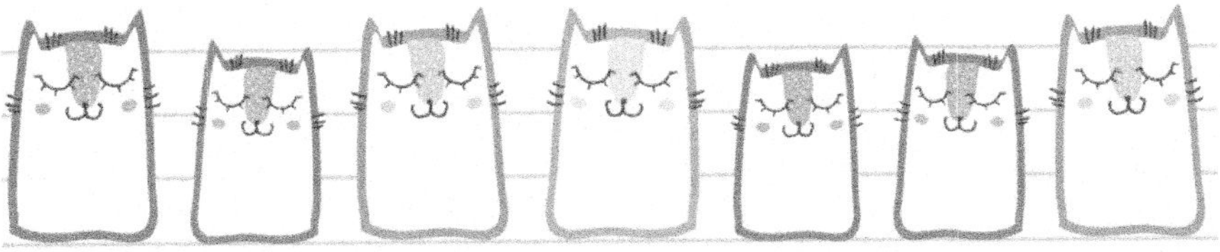

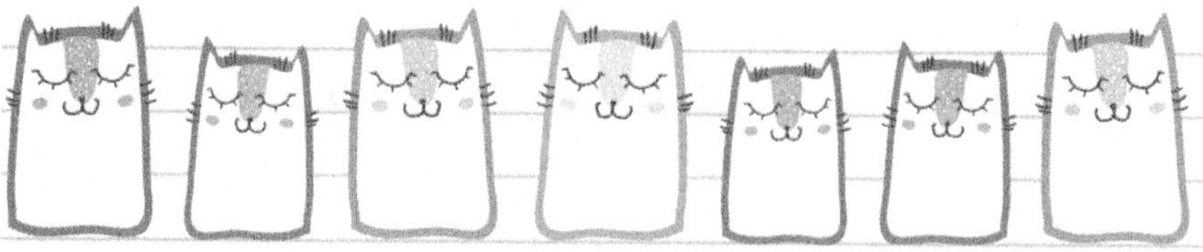

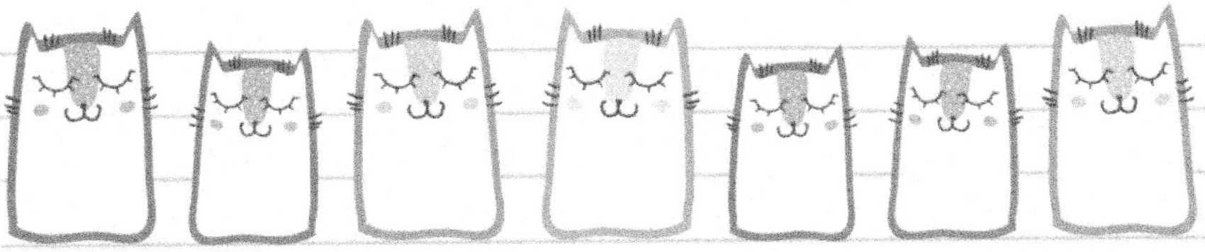

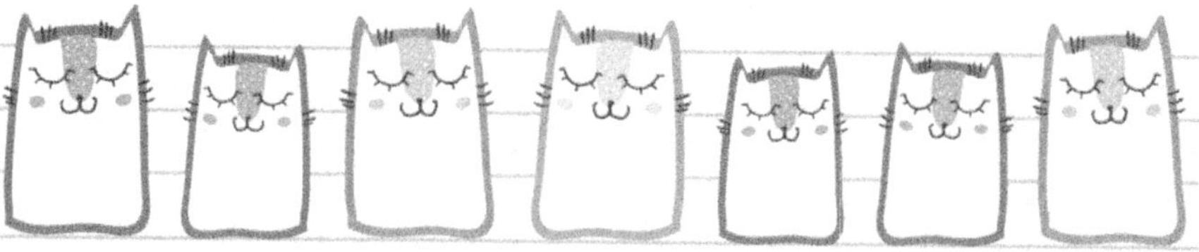

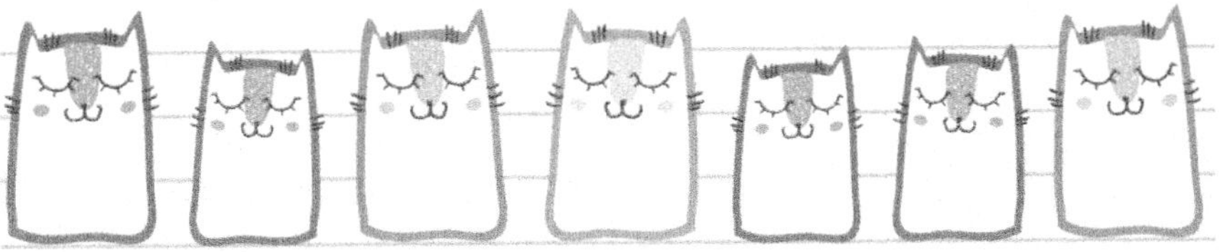

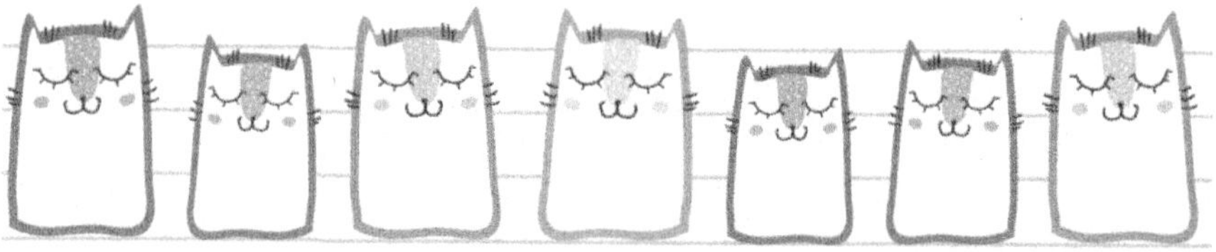

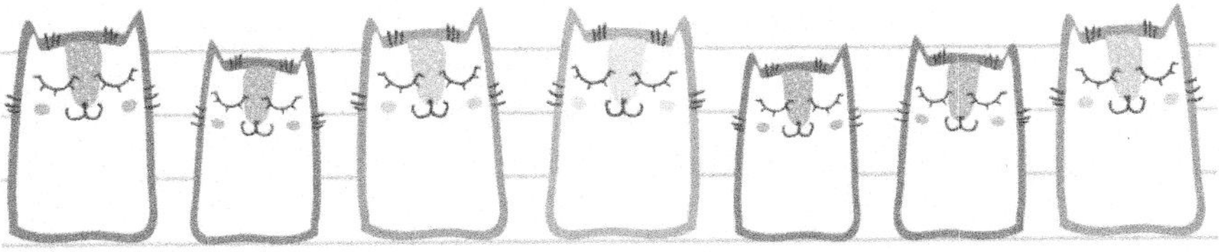

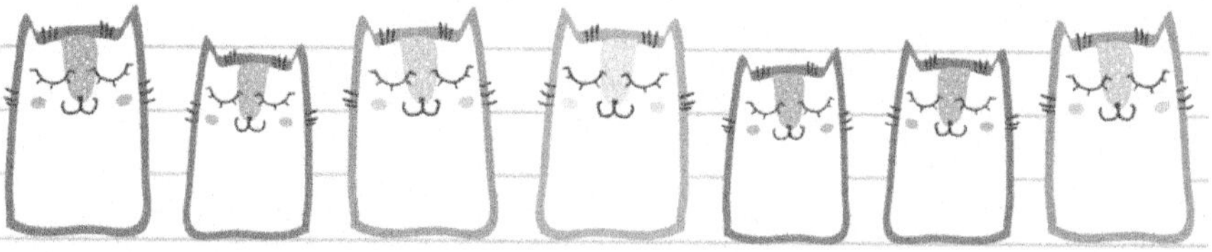

/ /

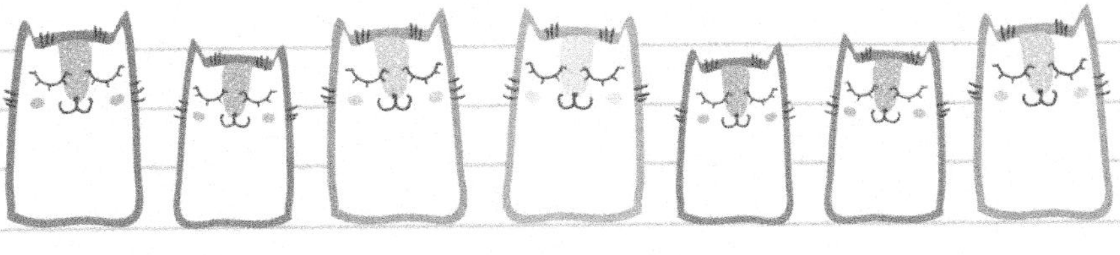

/ /

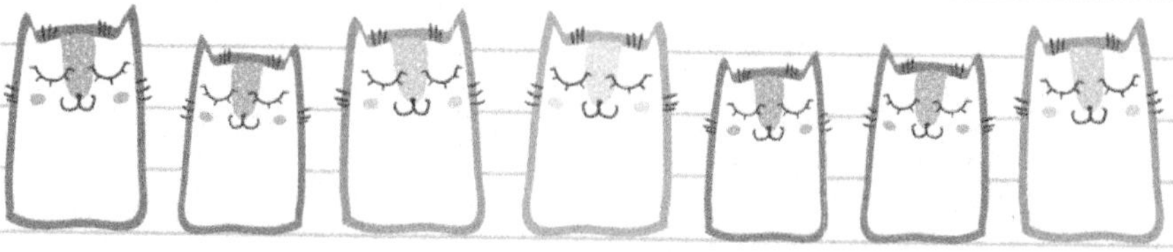

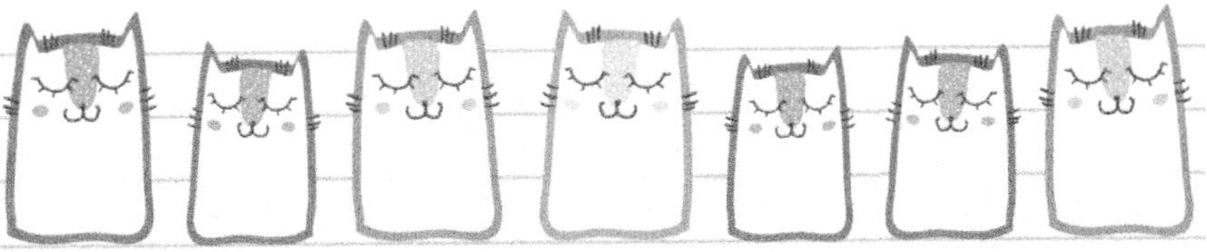

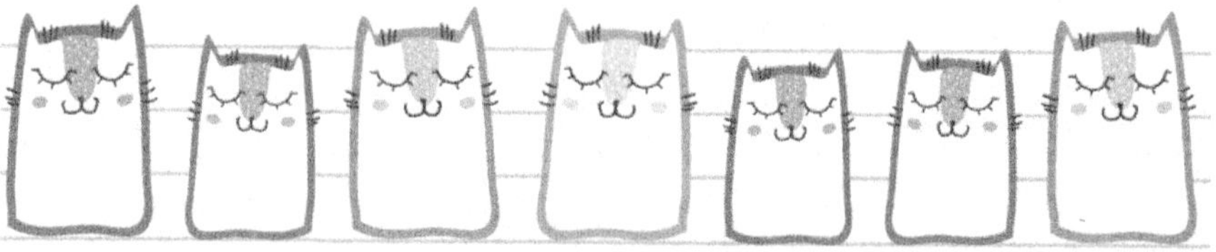

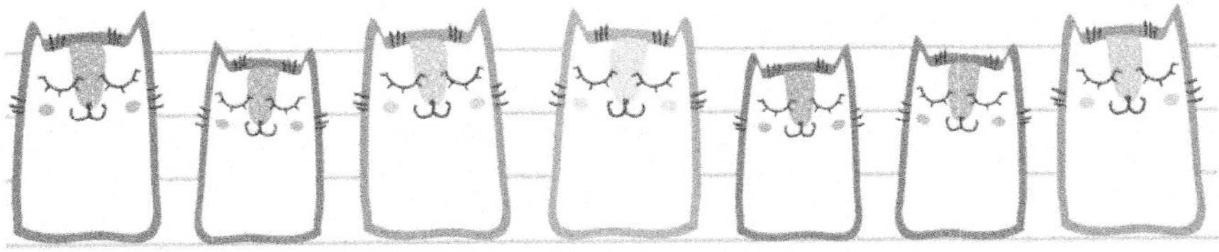

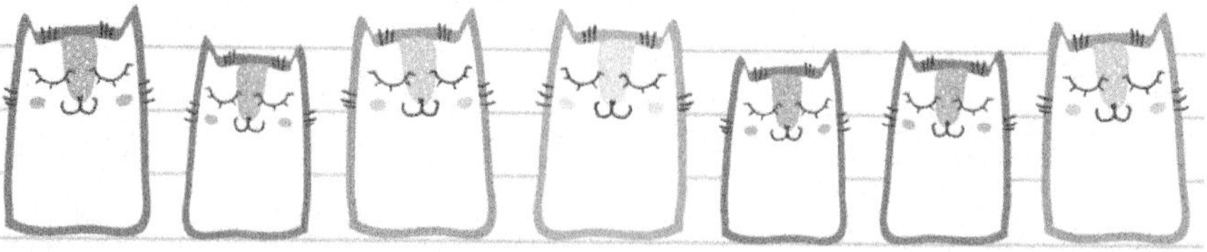

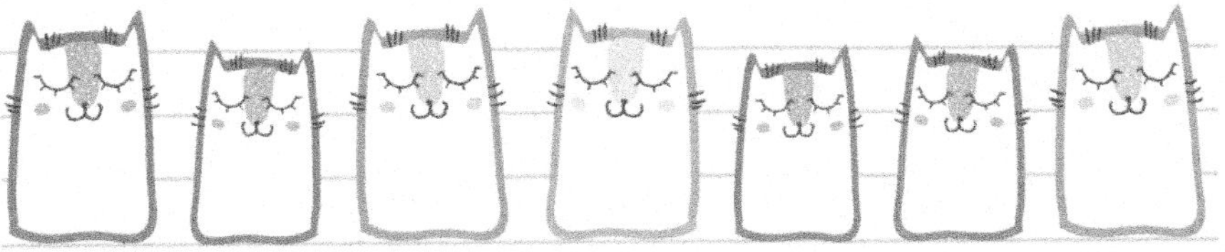

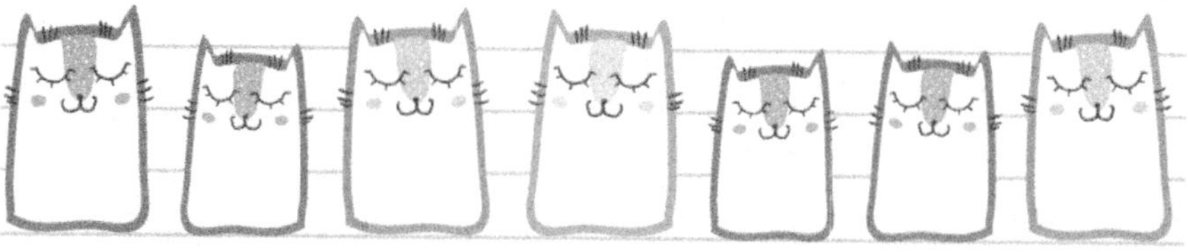

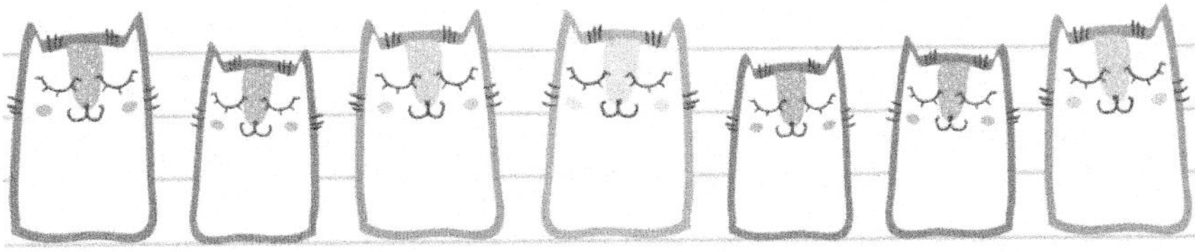

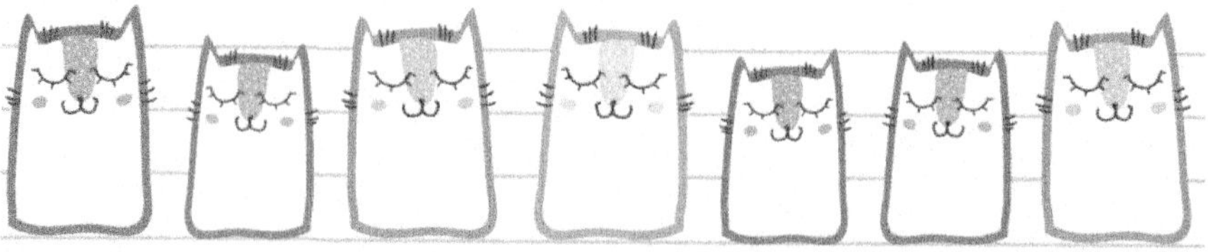

/ /

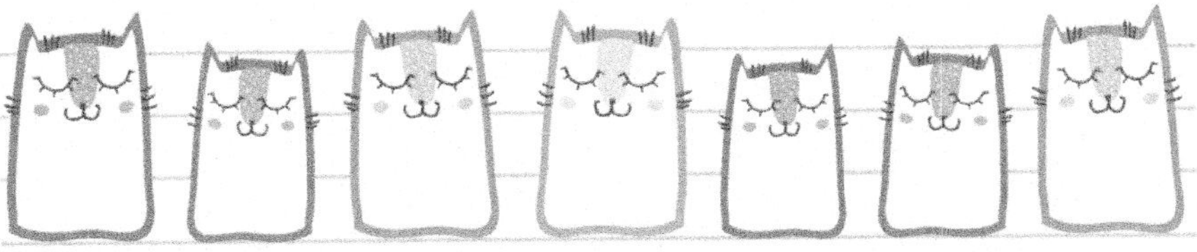

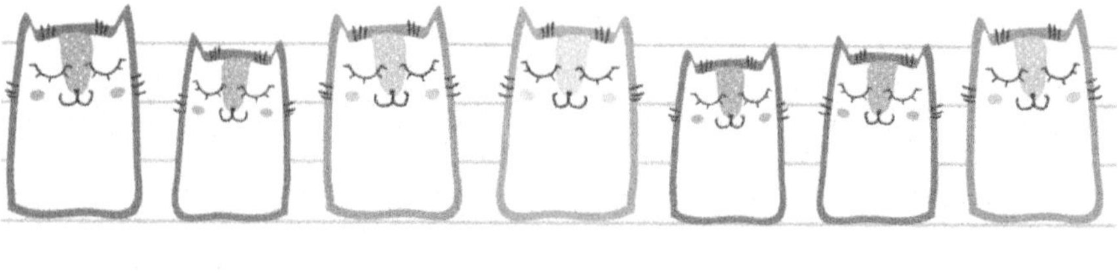

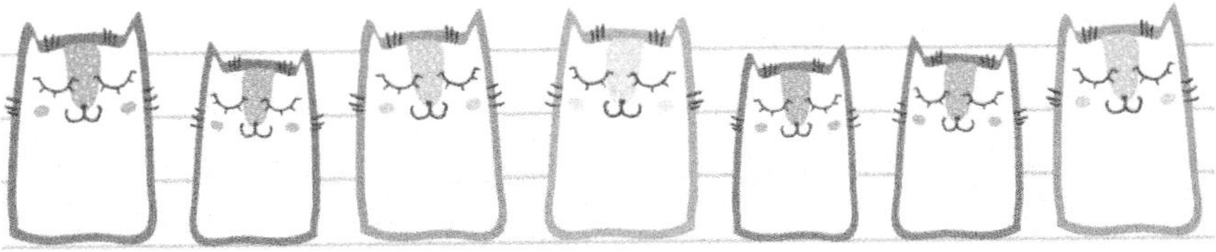

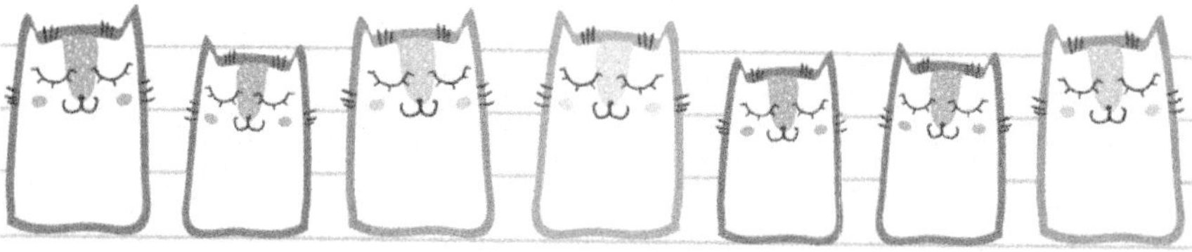

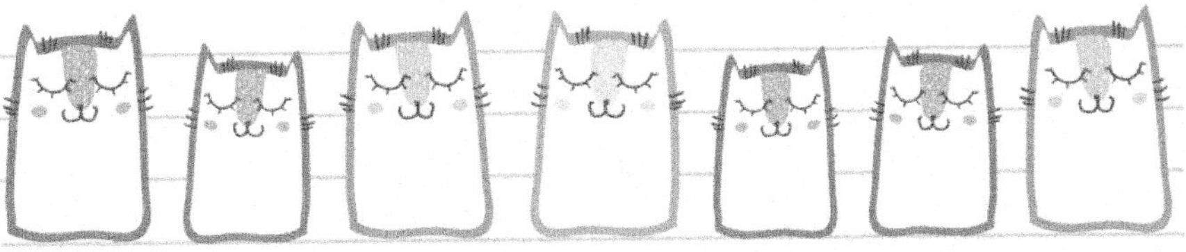

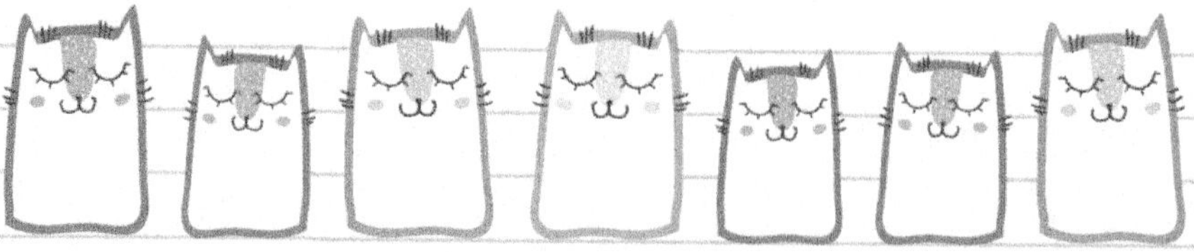

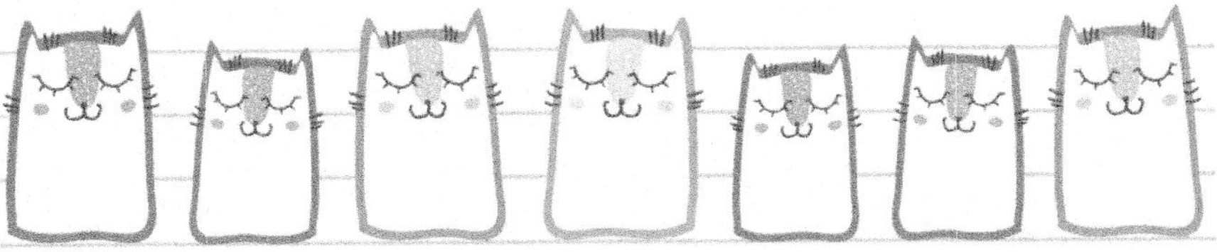

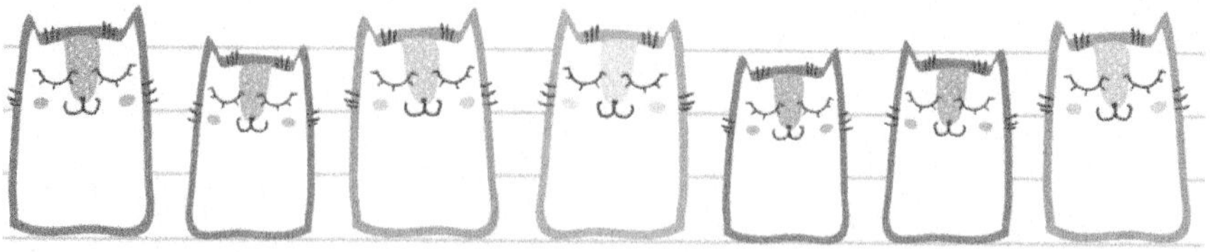

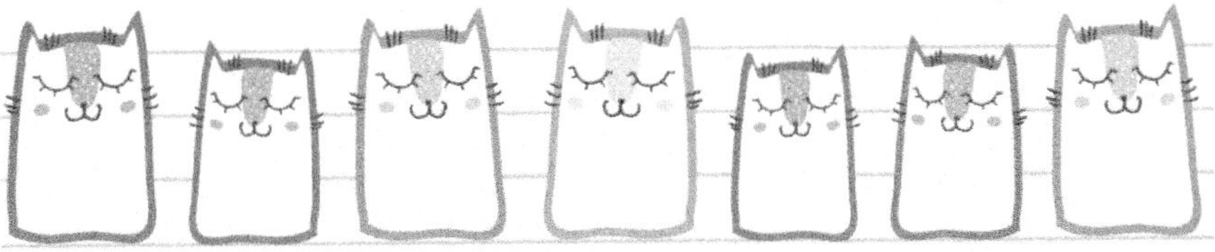

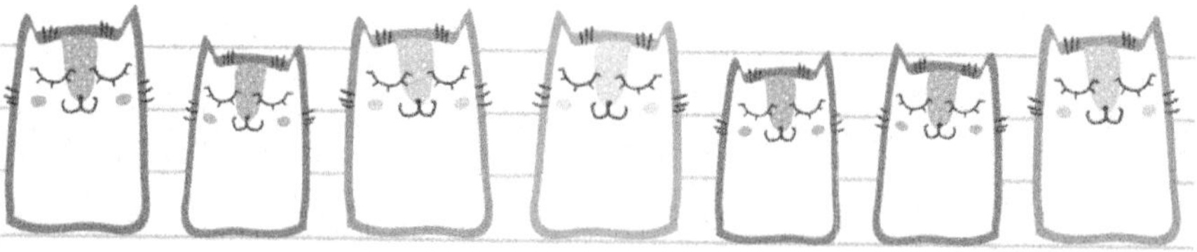

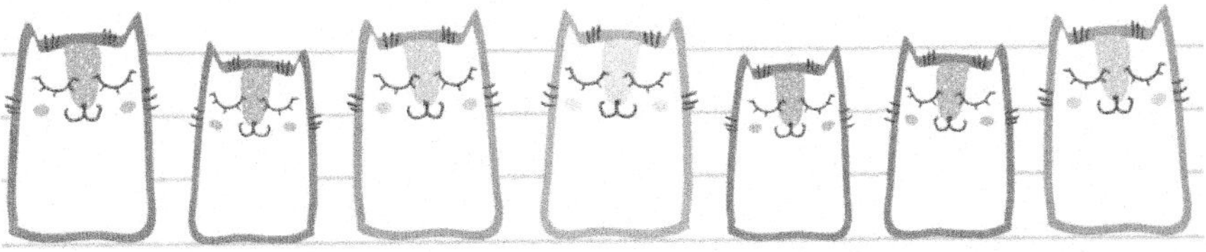

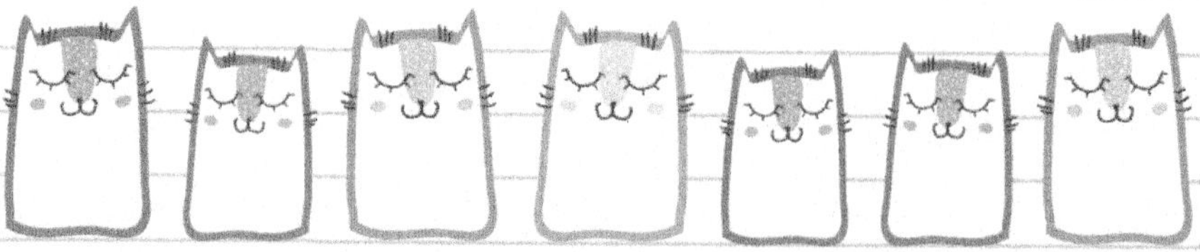

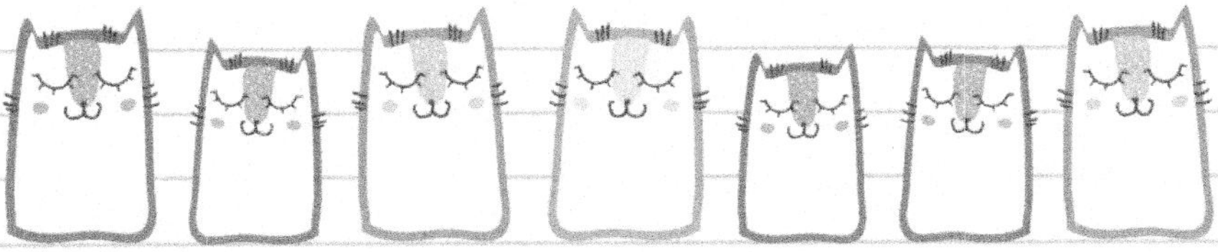

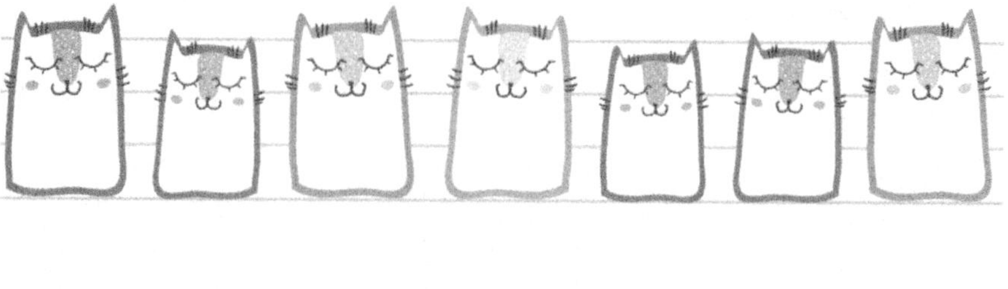

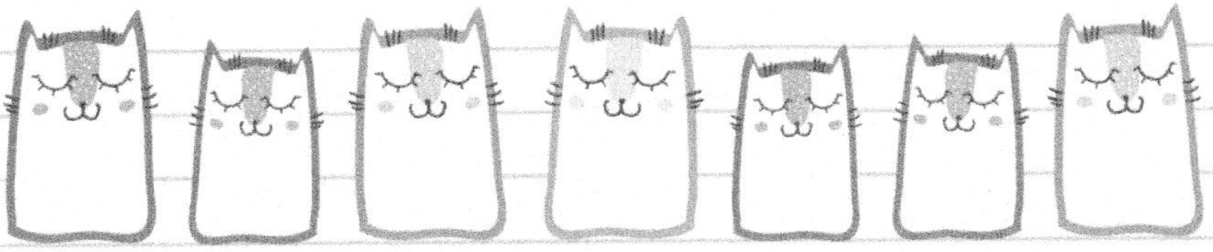

/ /

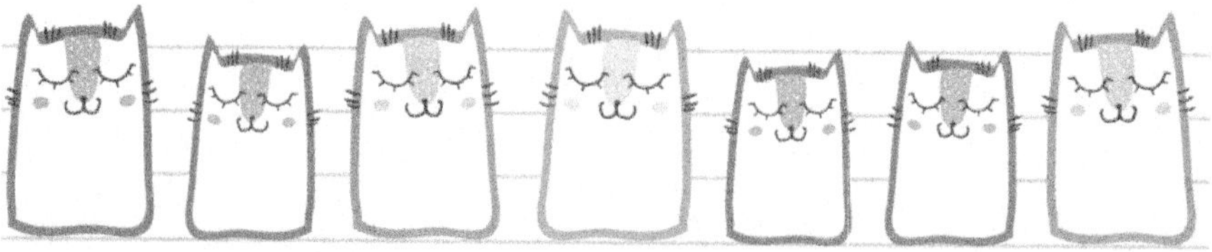

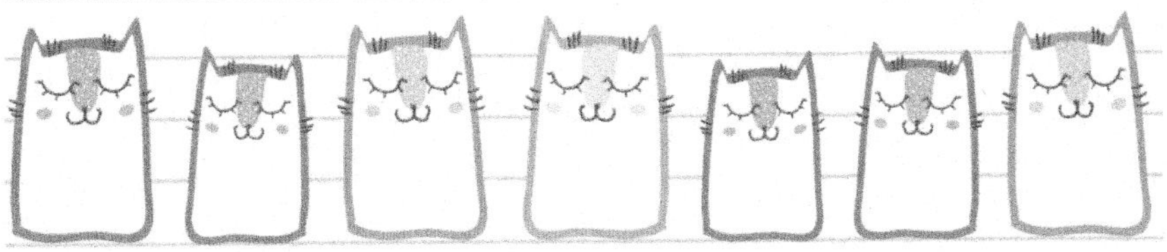

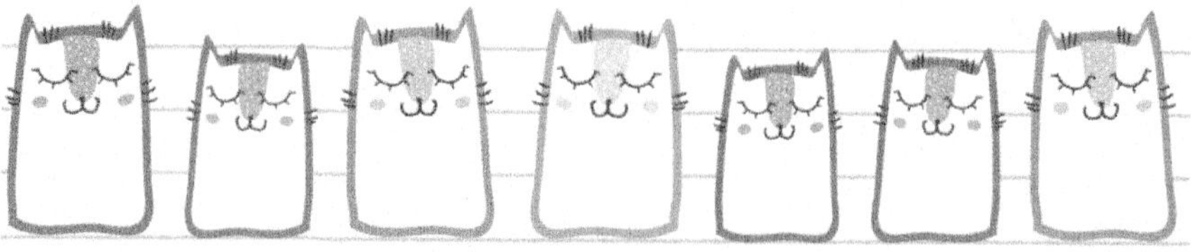

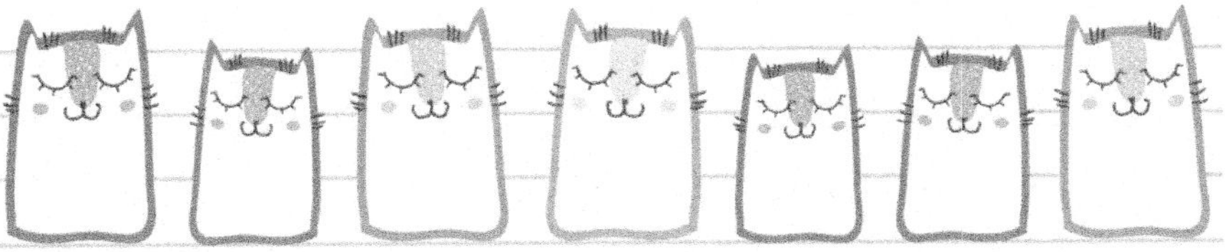

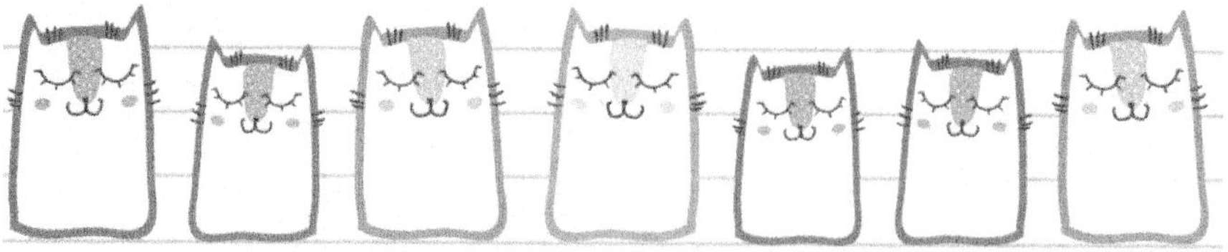

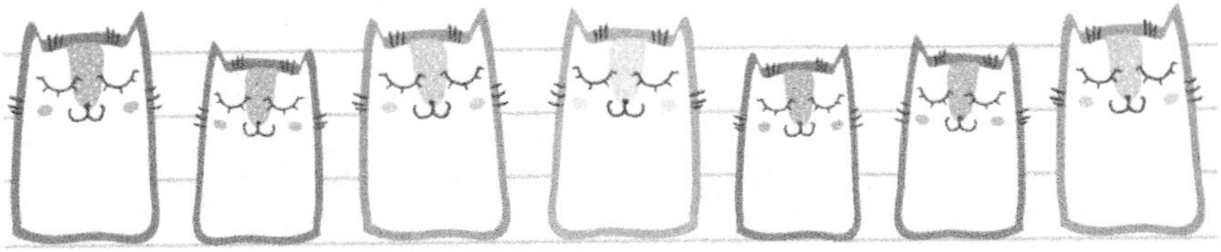

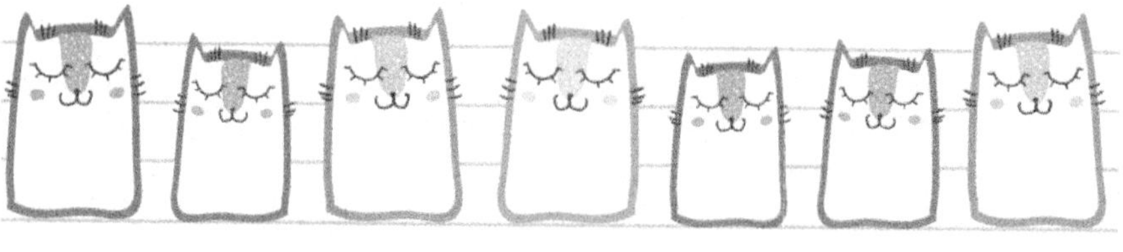

/ /

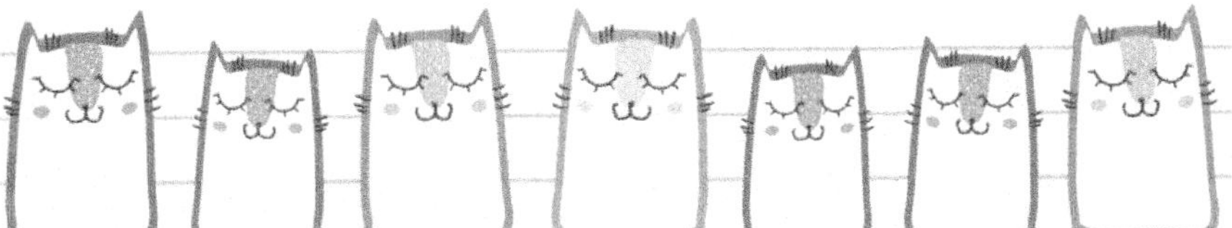

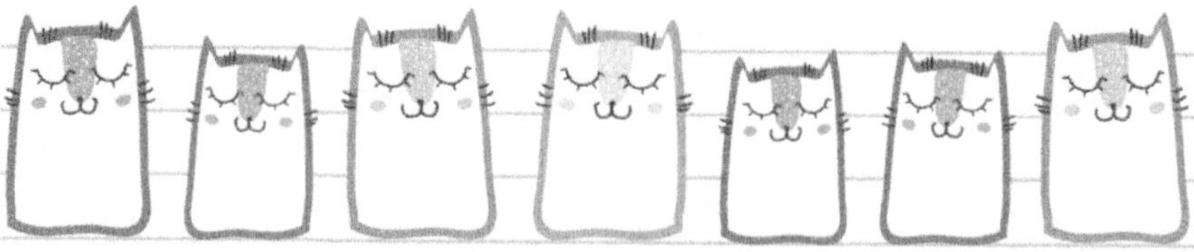

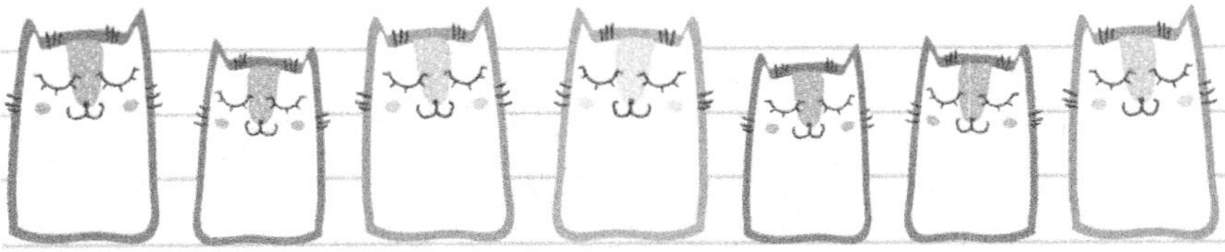

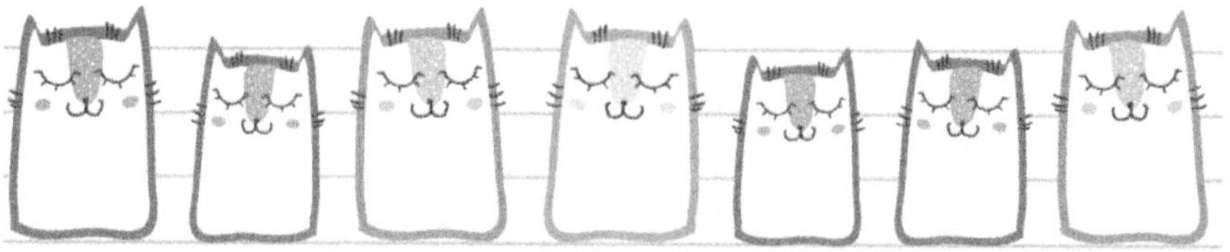

/ /

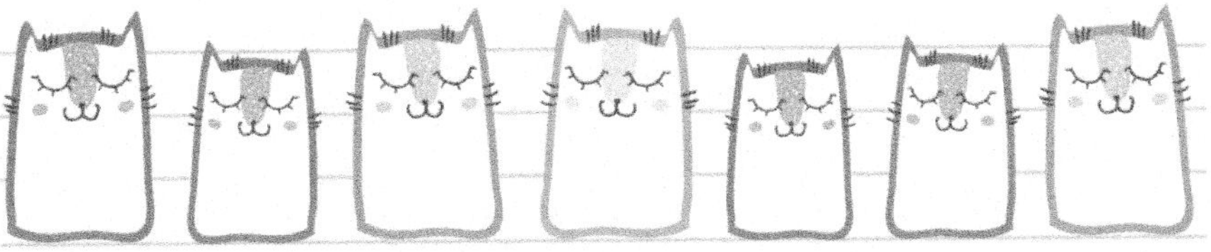

/ /

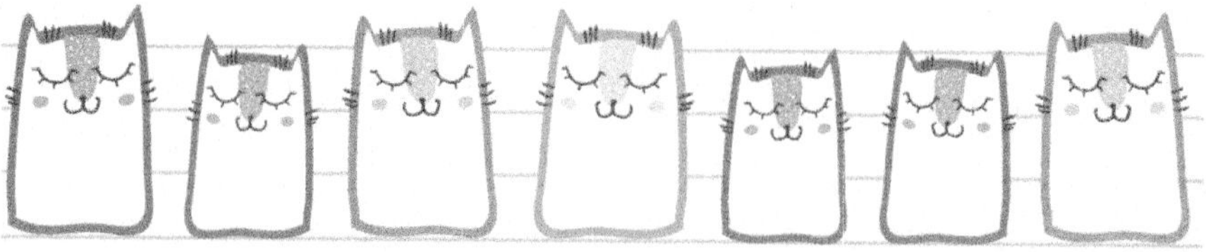

/ /

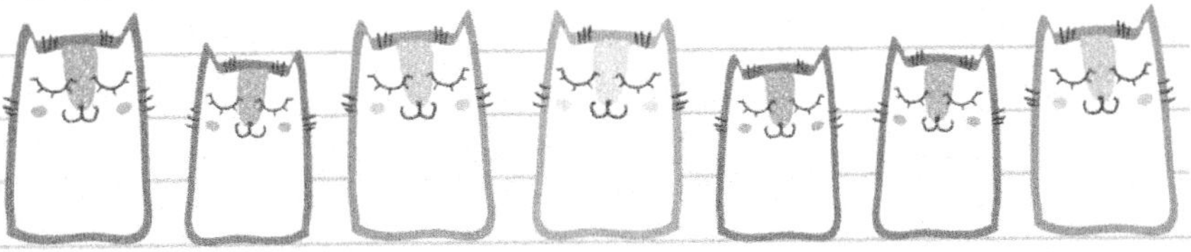

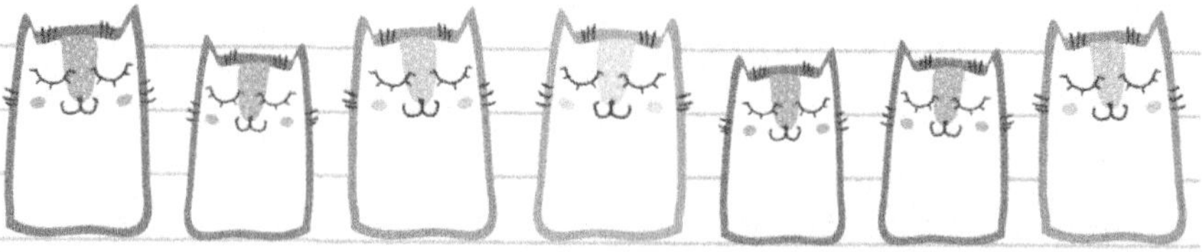

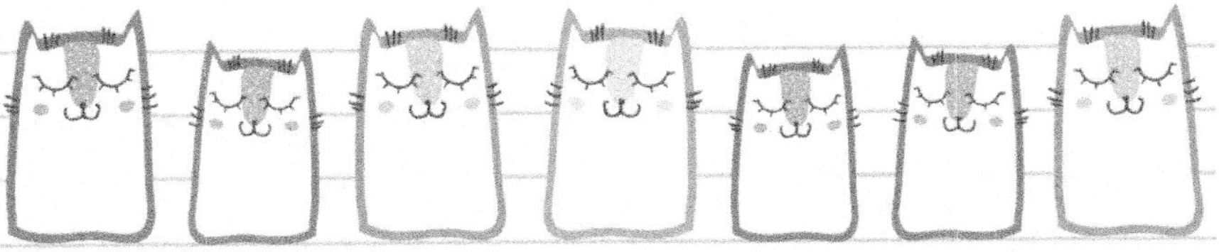

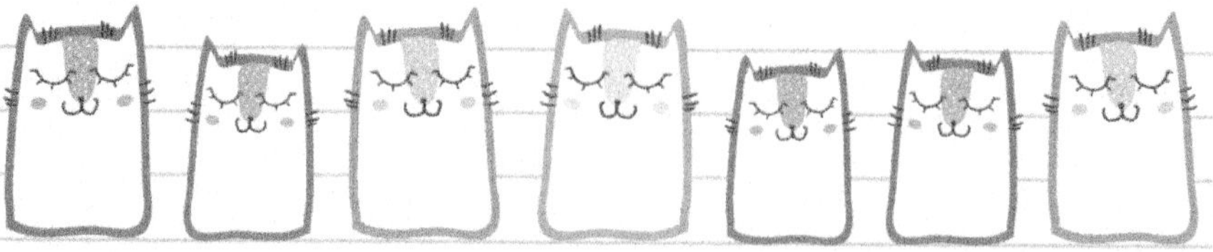

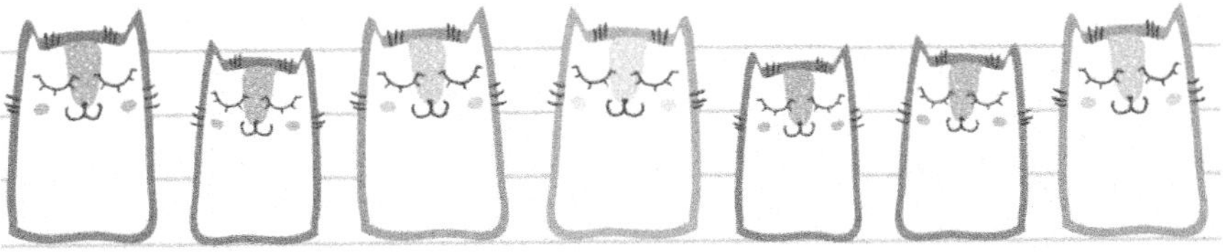

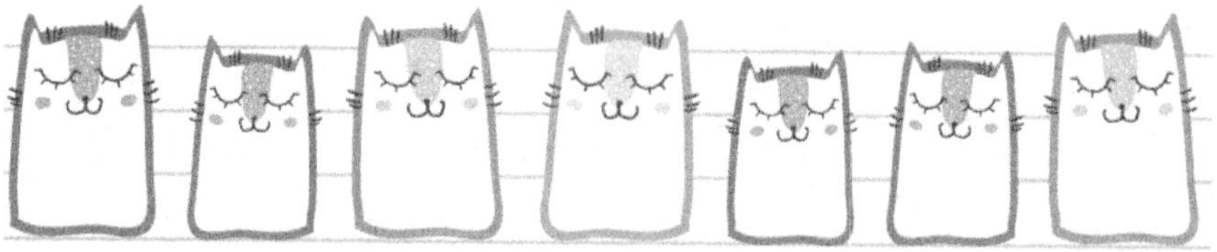

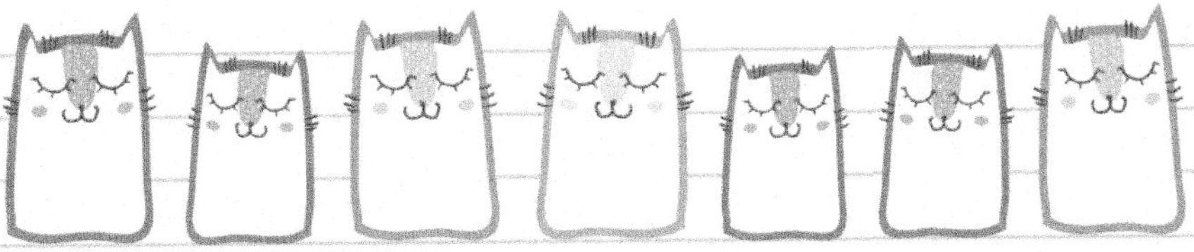

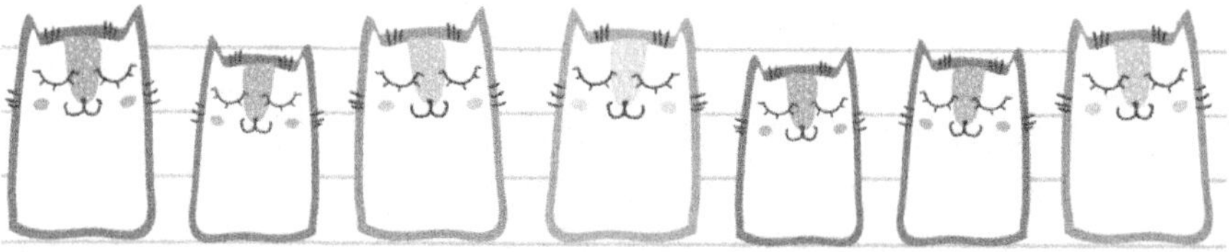

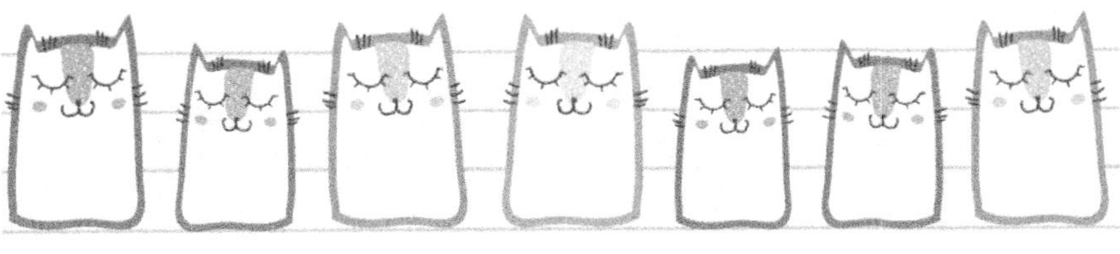

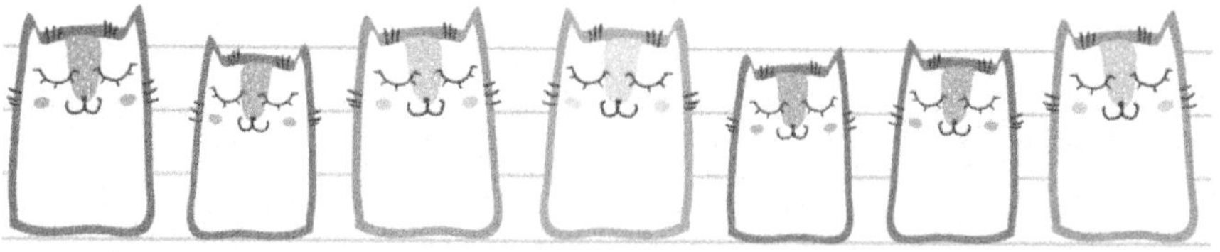

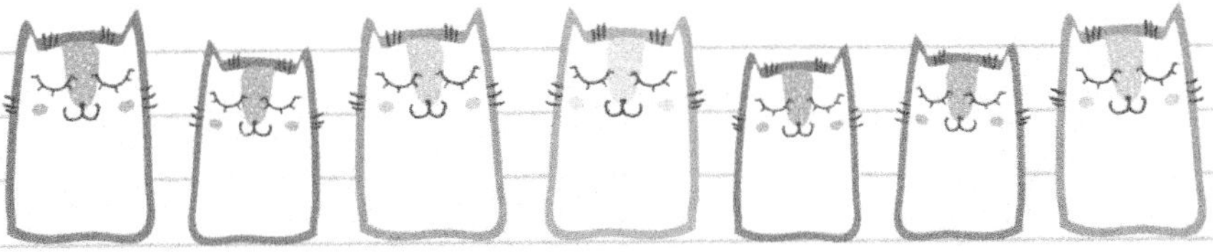

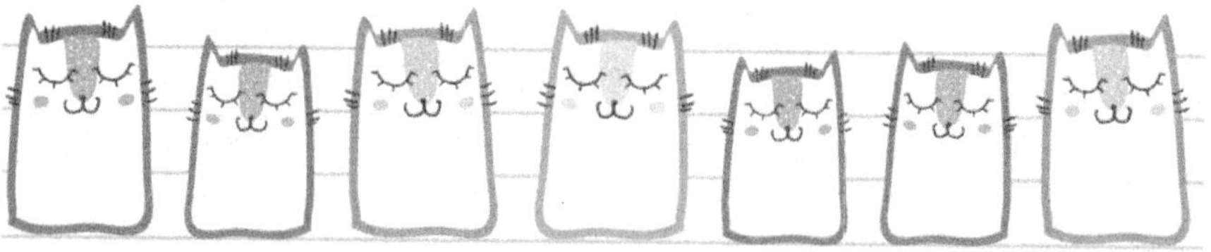

/ /

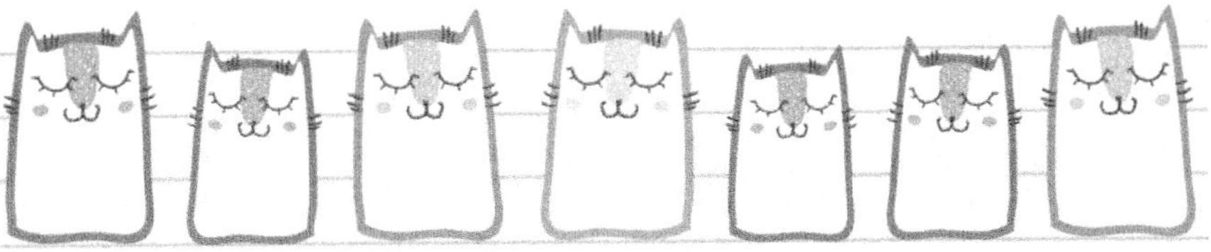

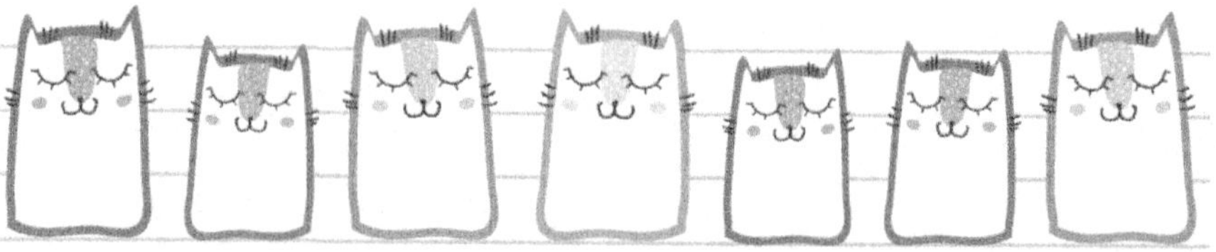

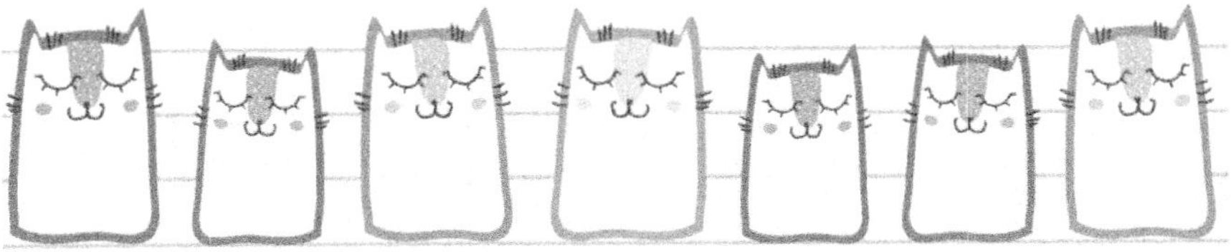

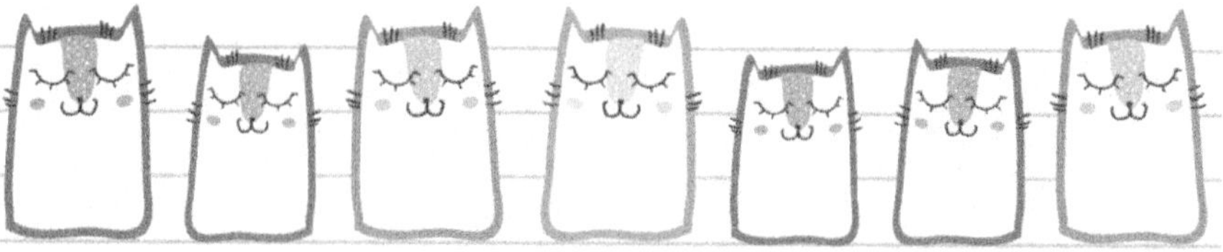

/ /

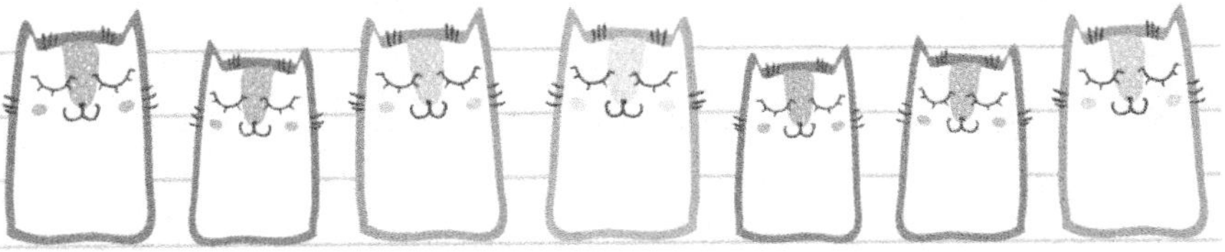

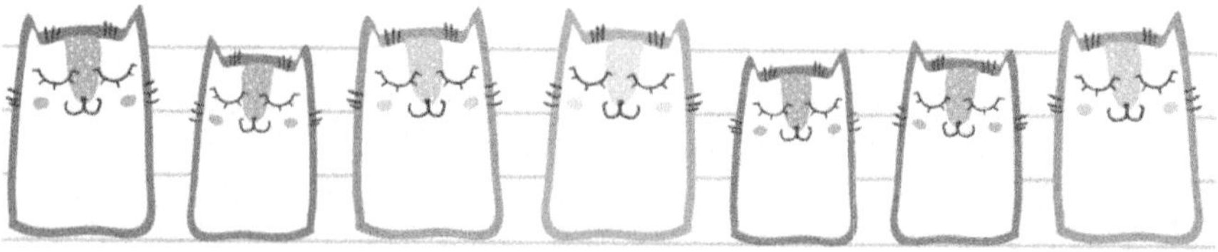

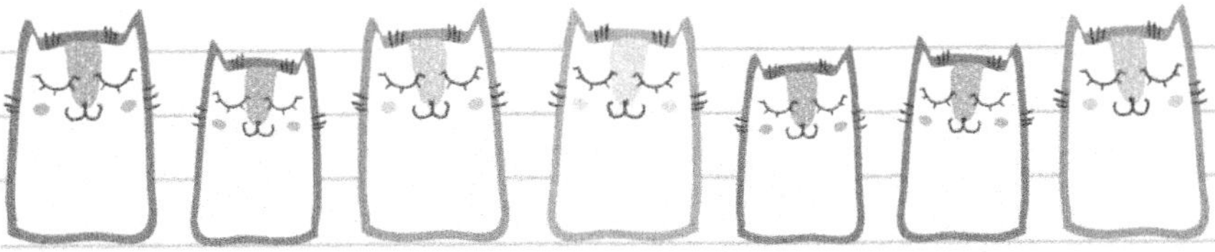

/ /

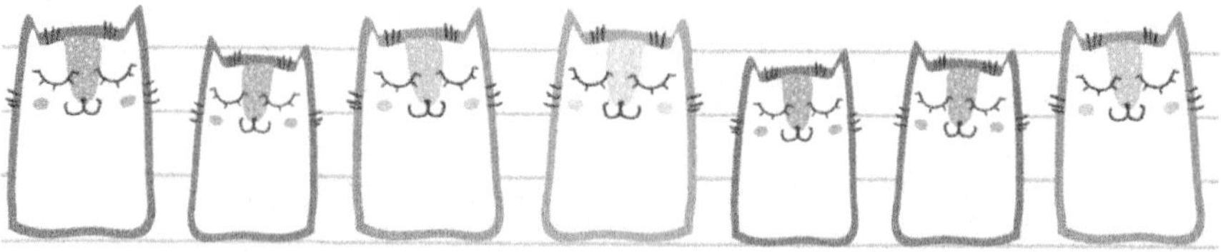

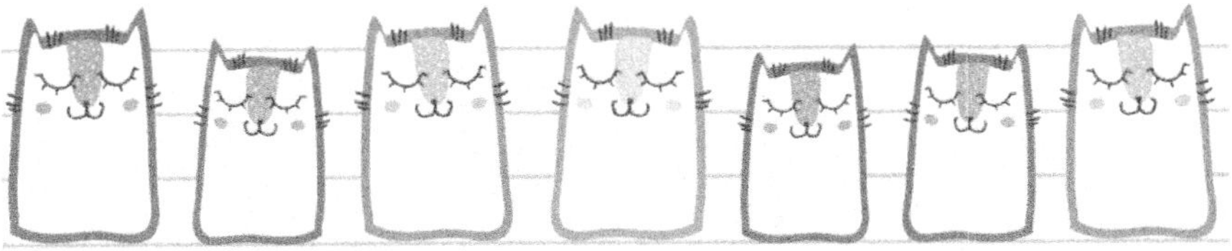

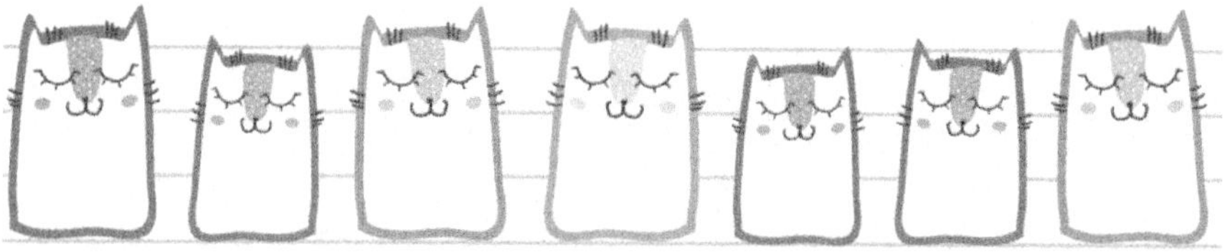

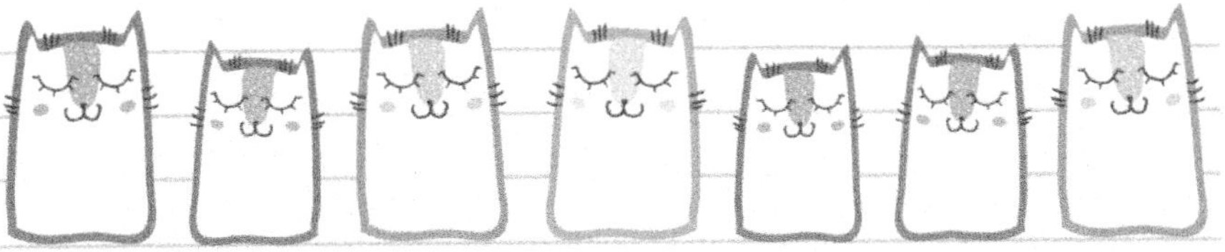

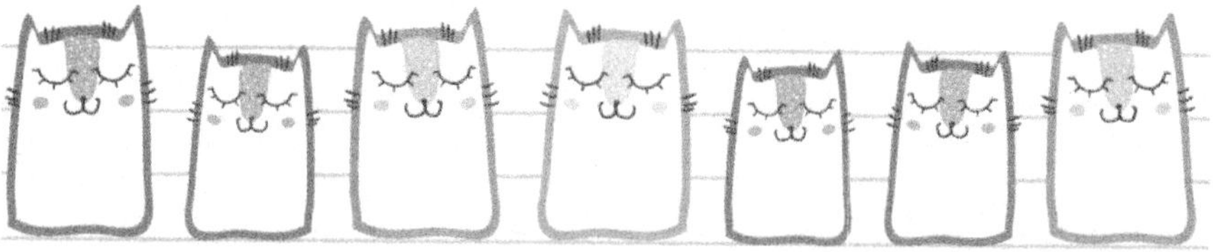

/ /

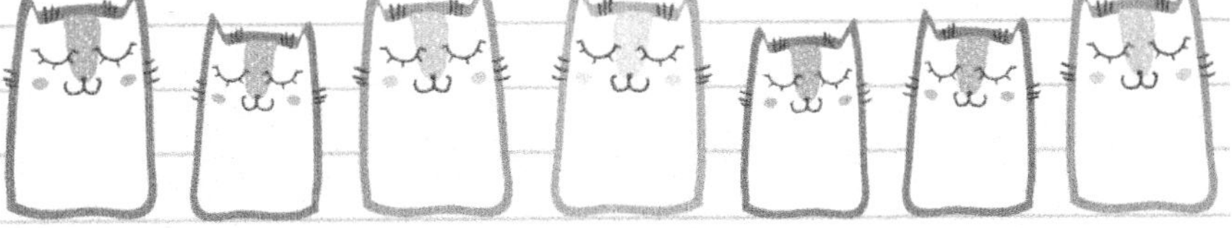

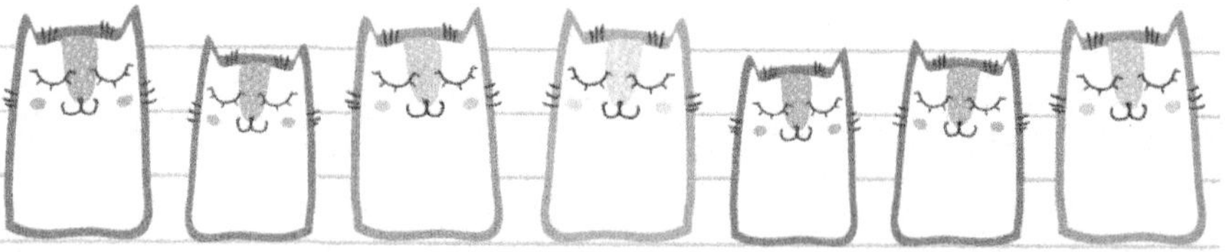

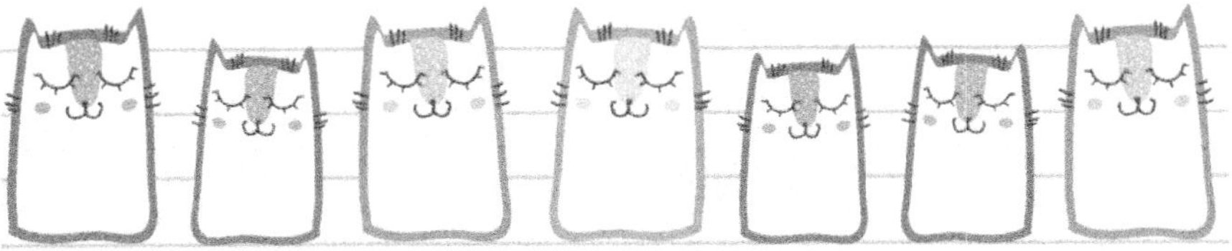

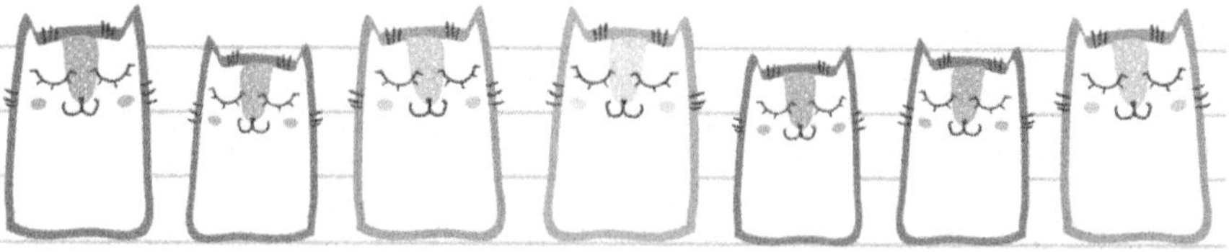

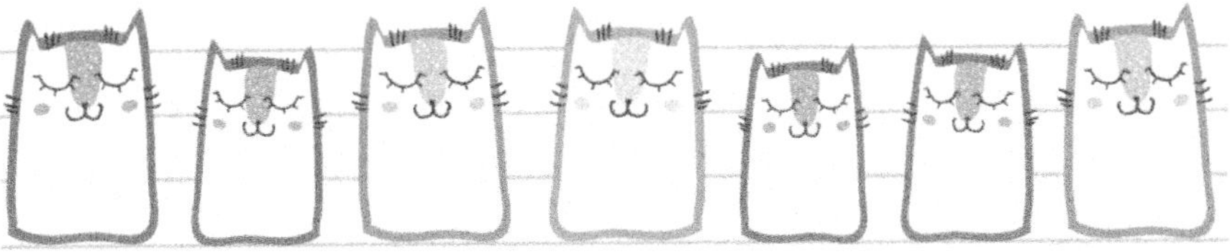

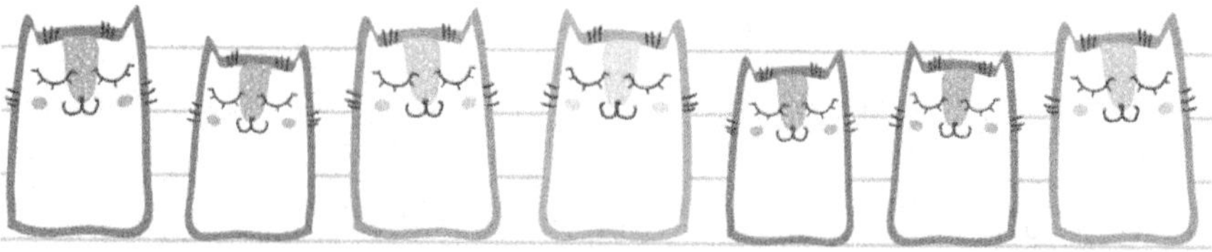

Made in the USA
Monee, IL
27 May 2022

97105051R00066